CATALOGUE

D'UNE RÉUNION

DE BELLES

PORCELAINES

MODERNES, DE SÈVRES,

FRANÇAISES, ANGLAISES ET DE CHINE,

RICHEMENT MONTÉES EN BRONZE DORÉ ET NON MONTÉES,

Pendules, Vases, Bronzes, Jardinières, Lampes,
Coffrets, Écritoires, Buires, Cassolettes,
Coupes, Flambeaux, Tableaux, etc., etc.,

DONT LA VENTE AUX ENCHÈRES PUBLIQUES

AURA LIEU

Par suite de Cessation de Commerce de M. St ANDRÉ, Décorateur de Porcelaines,

En vertu d'autorisation du Tribunal de Commerce de la Seine,
en date du 17 Août 1847

HOTEL DES VENTES MOBILIÈRES,

Salle n° 2,

RUE DES JEUNEURS, 16,

Les Vendredi 17 & Samedi 18 Décembre 1847, à midi,

Par le ministère de M. RIDEL, Commissaire-Priseur,
rue Saint-Honoré, 335,
Chez lequel se distribue le Catalogue.

EXPOSITION PUBLIQUE

Le Jeudi 16 Décembre 1847, de midi à 5 heures.

PARIS

IMPRIMERIE ET LITHOGRAPHIE DE MAULDE ET RENOU,
Rue Bailleul, 9-11.

1847.

CATALOGUE

D'UNE RÉUNION

DE BELLES

PORCELAINES

MODERNES, DE SÈVRES,

FRANÇAISES, ANGLAISES ET DE CHINE,

RICHEMENT MONTÉES EN BRONZE DORÉ ET NON MONTÉES,

Pendules, Vases, Bronzes, Jardinières, Lampes,
Coffres, Écritoires, Buires, Cassolettes,
Coupes, Flambeaux, Tableaux, etc., etc.,

DONT LA VENTE AUX ENCHÈRES PUBLIQUES,

AURA LIEU

Par suite de Cessation de Commerce de M. S. ANDRÉ, Décorateur de Porcelaines,

En vertu d'autorisation du Tribunal de Commerce de la Seine,
en date du 17 Août 1847.

HÔTEL DES VENTES MOBILIÈRES,

Salle n° 2,

RUE DES JEUNEURS, 16,

Les Vendredi 17 & Samedi 18 Décembre 1847, à midi,

Par le ministère de M. RIDEL, Commissaire-Priseur,
rue Saint-Honoré, 335.
Chez lequel se distribue le Catalogue.

EXPOSITION PUBLIQUE

Le Jeudi 16 Décembre 1847, de midi à 5 heures.

PARIS

IMPRIMERIE ET LITHOGRAPHIE DE MAULDE ET RENOU,
Rue Bailleul, 9-11.

1847.

CONDITIONS DE LA VENTE.

Elle sera faite au comptant.

Nota. — Les acquéreurs paieront en sus des adjudications cinq centimes par franc, applicables aux frais.

CATALOGUE

D'UNE JOLIE RÉUNION

DE PORCELAINES

RICHEMENT DÉCORÉES,

MONTÉES EN BRONZE DORÉ ET NON MONTÉES.

———•———

1 — Deux vases porcelaine fond vert naissant, ornements en or; deux cartels de figures, d'après Watteau, et deux cartels fleurs.

2 — Deux vases, cartels de fleurs fond turquoise, ornements en or, genre ancien Sèvres, montés bronze doré.

3 — Deux vases fond bleu foncé, lapis, montés bronze doré.

4 — Deux vases cartels de fleurs, ornements or, genre ancien Sèvres, montés bronze doré.

5 — Deux vases fond rose hortensia, cartels sujets pastoraux, d'après Watteau, semés d'étoiles, ornements émail, turquoise et or, montés bronze.

6 — Deux vases, huit cartels de fleurs, cadres rocaille, émail, turquoise et or, fond rose hortensia semé d'étoiles, montés bronze doré.

7 — Deux vases cartels enfants d'après Boucher, fond rose hortensia, ornements émail, turquoise et or, montés bronze.

8 — Deux vases, peintures fleurs pavot sur fond céladon, montés bronze doré.

9 — Deux vases cartels enfants d'après Boucher, fond turquoise, ornements or, genre ancien Sèvres, montés bronze doré.

10 — Deux vases cartels enfants d'après Boucher, fond turquoise et ornements or, et cartels fleurs, montés bronze roseaux dorés.

11 — Deux vases, cartels de fleurs fond turquoise et ornements genre ancien Sèvres, montés bronze doré avec bouquets, cinq lumières.

12 — Deux vases, cartels de fleurs fond turquoise et ornements, genre ancien Sèvres, montés bronze doré.

13 — Deux vases fond bleu grand feu, ornements ronceux, émail, coloriés, montés bronze doré.

14 — Deux vases fond bleu grand feu, ornements ronceux, émail, coloriés, montés bronze doré.

15 — Deux vases, peinture fleurs et fruits autour sur fond sépia, ornements osiers en or formant corbeille.

16 — Deux vases, peintures fleurs dans un fond de couleur sépia foncée.

17 — Deux vases, cartels figures d'après Watteau, et enfants d'après Boucher, fond turquoise et ornements genre ancien Sèvres semé d'étoiles or.
18 — Deux vases, cartels figures, d'après Watteau, et enfants d'après Boucher, fond turquoise et ornements genre ancien Sèvres semé d'étoiles or.
19 — Deux vases, six bandes de fleurs en S, fond turquoise semé d'étoiles or.
20 — Deux vases, cartels figures d'après Watteau, fond turquoise et ornements émail et or semé d'étoile or.
21 — Deux vases fond bleu grand feu, cartels figures d'après Watteau, et ornements genre ancien Sèvres.
22 — Deux vases fond bleu grand feu, cartels figures d'après Watteau, ornements or, genre ancien Sèvres.
23 — Deux vases fond bleu grand feu, cartels figures d'après Watteau, et ornements genre ancien Sèvres.
24 — Deux vases fond bleu grand feu, cartels enfants d'après Boucher, ornements or, genre ancien Sèvres.
25 — Deux vases, cartels enfants d'après Boucher, fond et quadrille turquoise et fleurs.
26 — Deux vases, cartels enfants d'après Boucher, fond et quadrille turquoise et fleurs.
27 — Deux vases, cartels enfants d'après Boucher, fond et quadrille turquoise et fleurs.

28 — Deux vases, peintures fleurs sur fond chamois.
29 — Un vase seul, couronnes fleurs, fond lilas grand feu, ornements or rocaille.
30 — Un vase seul, cartels fleurs et couronnes fond lilas grand feu, ornements or rocaille.
31 — Un vase seul, cartels enfants d'après Boucher, fond turquoise et fleurs, ornements rocaille or.
32 — Deux vases forme lis, fond turquoise et fleurs, montés bronze doré.
33 — Deux vases forme lis, fond vert naissant et fleurs, montés bronze doré.
34 — Un vase seul fond bleu grand feu, ornements émail ronceux coloriés, monté bronze doré.
35 — Deux vases anses dauphins, cartels figures d'après Watteau, fond turquoise, ornements or genre ancien Sèvres semés d'étoiles or.
36 — Deux vases, cartels fleurs fond turquoise et ornements genre ancien Sèvres, montés bronze doré.
37 — Deux vases, cartels fleurs fond turquoise, ornements or genre ancien Sèvres, montés bronze doré.
38 — Un vase seul, chinois, monté bronze doré.
39 — Un vase chinois, monté bronze doré.
40 — Un vase chinois, monté bronze doré.

41 — Un vase chinois à deux anses, monté bronze doré.

42 — Deux vases, fleurs en corbeille autour, sur fond rose hortensia, osiers en or formant corbeille.

43 — Deux vases, bleu grand feu, cartels figures d'après Watteau, ornements or, genre ancien Sèvres.

44 — Deux petits vases, cartels oiseaux et fleurs fond turquoise, montés bronze doré.

45 — Deux petits vases, cartels oiseaux et fleurs fond turquoise, montés bronze doré.

46 — Deux petits vases, cartels oiseaux et fleurs fond turquoise, montés bronze doré.

47 — Deux petits vases, cartels oiseaux et fleurs fond turquoise, montés bronze doré.

48 — Un petit vase, cartels oiseaux et fleurs fond turquoise, monté bronze doré.

49 — Deux lampes façon Carcel, corps porcelaine, peintures et ornements chinois, montées bronze doré très riche.

50 — Une paire de lampes façon Carcel, corps bleu, grand feu, ornements ronceux, émail colorié, montées bronze en couleur.

51 — Une paire de lampes façon Carcel, corps bleu, grand feu, ornements ronceux, émail colorié, montées bronze en couleur.

52 — Une paire de lampes façon Carcel, corps bleu, grand feu, ornements ronceux, émail colorié, montées bronze en couleur.

53 — Une paire de lampes façon Carcel, corps bleu, grand feu, ornements ronceux, émail colorié, montées bronze en couleur.

54 — Une paire de lampes façon Carcel, corps bleu, grand feu, ornements ronceux, émail colorié, montées bronze en couleur.

55 — Une jardinière, forme coupe, porcelaine Sèvres moderne, peintures fleurs, fond turquoise et ornements en or.

56 — Une écritoire, grand modèle, tout bronze doré, plaque en porcelaine, peintures fleurs fines et fond turquoise.

57 — Une écritoire carré-long, tout bronze doré; sujet : enfant sur porcelaine fond turquoise.

58 — Une écritoire carré-long, tout bronze doré, peinture fleurs fines sur porcelaine fond turquoise.

59 — Une écritoire carré-long, tout bronze doré, peinture fleurs fines sur porcelaine fond turquoise.

60 — Une écritoire carré-long, tout bronze doré, peinture fleurs fines sur porcelaine fond turquoise.

61 — Une écritoire carré long, tout bronze doré, peinture fleurs fines sur porcelaine fond turquoise.

62 — Une écritoire carré-long, en porcelaine, quadrille turquoise et fleurs, montée bronze doré.

63 — Une écritoire carré-long, plaque porcelaine, quadrille turquoise et fleurs, montée bronze doré.

64 — Un coffre carré-long, bronze doré, garni de cinq plaques porcelaine peinte, à fleurs et sujets fond turquoise et ornements or, genre ancien Sèvres.

65 — Un coffre carré-long, bronze doré, garni de cinq plaques porcelaine peinte, à fleurs et sujets fond turquoise et ornements or, genre ancien Sèvres.

66 — Un coffre carré-long, bronze doré, garni de cinq plaques porcelaine peinte, à fleurs et sujets fond turquoise et ornements or, genre ancien Sèvres.

67 — Un coffre carré-long, bronze doré, garni de cinq plaques porcelaine peinte, à fleurs et sujet fond turquoise et ornements or, genre ancien Sèvres.

68 — Un coffre carré-long, bronze doré, garni de cinq plaques porcelaine peinte, à fleurs et sujets fond turquoise et ornements or, genre ancien Sèvres.

69 — Un coffre carré long, bronze doré, garni de cinq plaques porcelaine peinte, à fleurs et sujets fond turquoise et ornements or, genre ancien Sèvres.

70 — Un coffre carré-long, bronze doré, garni de cinq plaques porcelaine peinte, à fleurs et sujets fond turquoise et ornements or, genre ancien Sèvres.

71 — Un coffre carré-long, bronze doré, garni de cinq plaques porcelaine peinte, à fleurs et sujets fond turquoise et ornements or, genre ancien Sèvres.

72 — Deux buires fond bleu grand feu lapis, montées bronze doré.

73 — Deux buires fond bleu grand feu lapis, montées bronze doré.

74 — Deux buires fond bleu grand feu lapis, montées bronze doré.

75 — Deux buires fond bleu grand feu lapis, montées bronze doré.

76 — Deux buires fond bleu grand feu, ornemetns émail turquoise et or, montées bronze doré.

77 — Deux buires fond bleu grand feu, ornements émail turquoise et or, montées bronze doré.

78 — Deux buires fond bleu grand feu, ornements émail turquoise et or, montée bronze doré.

79 — Deux buires fond bleu lapis grand feu, montées bronze doré.

80 — Deux buires fond turquoise, sujet fleurs et oiseaux, montées bronze doré.
81 — Deux buires fond turquoise, sujet fleurs et oiseaux, montées bronze doré.
82 — Deux buires fond turquoise, sujet fleurs et oiseaux, montées bronze doré.
83 — Deux buires fond turquoise, sujet fleurs et oiseaux, montées bronze doré.
84 — Deux buires fond turquoise, sujet fleurs et oiseaux, montées bronze doré.
85 — Deux buires fond turquoise, sujet fleurs et oiseaux, montées bronze doré.
86 — Deux buires fond turquoise, sujet fleurs et oiseaux, montées bronze doré.
87 — Deux buires fond turquoise, sujet fleurs et oiseaux, montées bronze doré.
88 — Deux buires fond turquoise, sujet fleurs et oiseaux, montées bronze doré.
89 — Deux buires fond turquoise, sujet fleurs et oiseaux, montées bronze doré.
90 — Deux buires fond turquoise, sujet fleurs et oiseaux, montées bronze doré.
91 — Une cassolette à parfums, double porcelaine fond turquoise, fleurs, montée bronze doré.
92 — Une cassolette à parfums, double porcelaine fond turquoise, fleurs, montée bronze doré.
93 — Une cassolette à parfums, double porcelaine fond turquoise, fleurs, montée bronze doré.

94 — Une cassolette à parfums, double porcelaine fond turquoise, fleurs, montée bronze doré.

95 — Une cassolette double porcelaine, fond turquoise et fleurs, montée bronze doré.

96 — Une cassolette double porcelaine, fond turquoise et fleurs, montée bronze doré.

97 — Une cassolette double porcelaine, fond turquoise et fleurs.

98 — Une cassolette ronde, fond turquoise et fleurs, montée bronze, Louis XV.

99 — Une cassolette ronde, fond turquoise et fleurs, montée bronze, Louis XV.

100 — Une cassolette ronde, fond turquoise et fleurs, montée bronze, Louis XV.

101 — Une Cassolette ronde, fond turquoise et fleurs, montée bronze, Louis XV.

102 — Une cassolette fond bleu, grand feu, ornements, émail turquoise et or, montée bronze, Louis XV.

103 — Une cassolette fond bleu, grand feu, ornements émail turquoise et or, montée bronze, Louis XV.

104 — Une cassolette fond bleu, grand feu, ornements émail turquoise et or, montée bronze, Louis XV.

105 — Une cassolette ovale, cartels fleurs, fond turquoise, montée bronze doré.

106 — Une cassolette ovale, fond vert naissant, montée bronze doré.

107 — Une cassolette ovale, fond vert naissant, montée bronze doré.
108 — Une cassolette ovale, peinture, fleurs et rubans, montée bronze doré.
109 — Une cassolette ovale, peinture, fleurs et rubans, montée bronze doré.
110 — Une cassolette ovale, quadrille turquoise et fleurs, montée bronze doré.
111 — Une cassolette ovale, fond sépia, émail turquoise et guirlande, fleurs violettes.
112 — Une cassolette ovale, fond sépia, émail turquoise et guirlande, fleurs violettes.
113 — Une cassolette ovale, fond sépia, émail turquoise et guirlande, fleurs violettes.
114 — Une cassolette ronde, fond turquoise, cartels fleurs, montée bronze doré.
115 — Une cassolette ronde, fond turquoise, cartels fleurs, montée bronze doré.
116 — Une cassolette, fond sépia turquoise émail, couronne fleurs lilas, montée bronze doré.
117 — Une cassolette, fond sépia turquoise émail, couronne fleurs lilas, montée bronze doré.
118 — Une cassolette, fond turquoise émail et or, guirlande fleurs sur émail, montée bronze doré.
119 — Une cassolette, fond turquoise émail et or, guirlande fleurs sur émail, montée bronze doré.
120 — Une cassolette, fond turquoise émail et or, guirlande fleurs sur émail, montée bronze doré.

121 — Une coupe porcelaine chinoise, montée bronze, galerie oiseaux, doré.
122 — Une coupe porcelaine chinoise, montée bronze, galerie oiseaux, doré.
123 — Une coupe porcelaine chinoise, montée bronze, galerie oiseaux, doré.
124 — Une coupe porcelaine chinoise, montée bronze, galerie oiseaux, doré.
125 — Une coupe porcelaine chinoise, montée bronze, galerie oiseaux, doré.
126 — Une coupe porcelaine chinoise, montée bronze, galerie oiseaux, doré.
127 — Une coupe porcelaine chinoise, montée bronze, galerie oiseaux, doré.
128 — Une coupe porcelaine chinoise, montée bronze, galerie oiseaux, doré.
129 — Une coupe porcelaine chinoise, montée bronze, galerie oiseaux, doré.
130 — Une coupe porcelaine chinoise, montée bronze, galerie oiseaux, doré.
131 — Une coupe porcelaine chinoise, montée bronze, galerie oiseaux, doré.
132 — Une coupe porcelaine chinoise, montée bronze, galerie oiseaux, doré.
133 — Une coupe chinoise, montée sur enfant, et cercle oiseaux bronze doré.
134 — Une coupe chinoise, montée sur enfant, et cercle oiseaux bronze doré.
135 — Une coupe chinoise, montée sur enfant, et cercle oiseaux bronze doré.

136 — Une coupe chinoise, montée sur enfant, et cercle oiseaux bronze doré.
137 — Une coupe chinoise, montée sur enfant, et cercle oiseaux bronze doré.
138 — Une coupe chinoise, montée sur enfant, et cercle oiseaux bronze doré.
139 — Une coupe chinoise, montée sur enfant, et cercle oiseaux bronzé doré.
140 — Une coupe chinoise, montée sur enfant, et cercle oiseaux bronze doré.
141 — Une coupe chinoise, montée sur enfant, et cercle oiseaux bronze doré.
142 — Une coupe chinoise vert olive, montée bronze doré.
143 — Une coupe chinoise vert olive, montée bronze doré.
144 — Une coupe fond turquoise, fleurs et oiseaux au centre, montée bronze doré.
145 — Une coupe fond turquoise, montée sur enfant, cercle oiseaux bronze doré.
146 — Une coupe fond bleu, grand feu, montée cercle oiseaux bronze doré.
147 — Deux jardinières porcelaines, fond turquoise, sujets enfants et fleurs, montées bronze doré.
148 — Deux jardinières porcelaine, sujets figures pastorales, montées bronze doré.
149 — Deux jardinières porcelaine, sujets figures pastorales, montées bronze doré.
150 — Deux jardinières, peintures, fleurs et rubans, montées bronze doré.

151 — Deux jardinières, peintures, fleurs et rubans, montées bronze doré.
152 — Deux jardinières, peintures, fleurs et rubans, montées bronze doré.
153 — Deux jardinières, peintures, fleurs et rubans, montées bronze doré.
154 — Deux jardinières, peintures, fleurs et rubans, montées bronze doré
155 — Deux jardinières, peintures, fleurs et rubans, montées bronze doré.
156 — Deux jardinières plus grandes, peintures, fleurs et rubans, montées bronze doré.
157 — Deux jardinières plus grandes, peintures, fleurs et rubans, montées bronze doré.
158 — Deux jardinières grand modèle, sujets enfants fond turquoise et fleurs, ornements or, genre ancien Sèvres, montées bronze riche doré.
159 — Une Jardinière ovale, fond turquoise, sujet enfants et fleurs, ornements or, montée bronze doré.
160 — Une jardinière ovale fond turquoise, sujet pastoral, montée sur dauphin, bronze doré.
161 — Deux vases, peintures fleurs et rubans, pied bronze doré.
162 — Deux buires, porcelaine Sèvres, moderne, anse et tête d'aigle, fleurs jetées.
163 — Deux jardinières, sujet enfants et rubans, turquoise.

164 — Une coupe rocaille, porcelaine anglaise, ornée de fleurs et rubans.
165 — Une coupe rocaille, porcelaine anglaise, ornée de fleurs et rubans, plus grande.
166 — Une coupe fond vert naissant, fleurs au centre, pied bronze doré.
167 — Une coupe fond turquoise, fleurs au centre, montée sur trépied, bronze doré.
168 — Une coupe fond vert, fleurs au centre, montée sur trépied, bronze doré.
169 — Deux flambeaux, fond turquoise et fleurs, montés bronze doré.
170 — Deux flambeaux, fond turquoise et fleurs, montés bronze doré.
171 — Deux flambeaux, fond turquoise et fleurs, montés bronze doré.
172 — Un pot et cuvette, forme et décors étrusques, émail, turquoise et or.
173 — Un pot et cuvette, forme et décors étrusques, émail, turquoise et or.
174 — Un pot et cuvette, forme et décors étrusques, émail, turquoise et or.
175 — Une cuvette seule, forme et décors étrusques, émail, turquoise et or.
176 — Une écritoire, porcelaine d'Hill, fond écaille, fleurs, émail colorié.
177 — Une écritoire, porcelaine d'Hill, fond écaille, fleurs, émail colorié.
178 — Une écritoire étrusque, Sèvres moderne de l'Empire.
179 — Deux socles de marbre précieux.

180 — Deux porte-violettes fond sépia, ornements émail et peinture grisaille, montés bronze doré.
181 — Deux porte-violettes fond turquoise, ornements émail et peinture grisaille, montés bronze doré.
182 — Une paire de flambeaux fond turquoise, fleurs et or.
183 — Une paire de flambeaux fond turquoise, fleurs et or.
184 — Une paire de flambeaux fond turquoise, fleurs et or.
185 — Une paire de flambeaux fond turquoise, fleurs et or.
186 — Une paire de flambeaux fond turquoise, fleurs et or.
187 — Une paire de flambeaux fond turquoise, fleurs et or.
188 — Une paire de flambeaux plus grand, fond turquise, fleurs et or.
189 — Une paire de flambeaux fond turquoise, fleurs et or.
190 — Une paire de flambeaux fond turquoise, fleurs et or.
191 — Une paire de flambeaux fond turquoise, fleurs et or.
192 — Une paire de flambeaux fond turquoise, fleurs et or.
193 — Une paire de flambeaux fond turquoise, fleurs et or.

194 — Un bougeoir fond turquoise, fleurs et or.
195 — Un bougeoir id. id.
196 — Un bougeoir id. id.
197 — Un bougeoir id. id.
198 — Un bougeoir id. id.
199 — Un bougeoir id. id.
200 — Un bougeoir plus grand, fond turquoise, fleurs et or.
201 — Un bougeoir plus grand, fond turquoise, fleurs et or.
202 — Un bougeoir plus grand, fond turquoise, fleurs et or.
203 — Un bougeoir plus grand, fond turquoise, fleurs et or.
204 — Un bougeoir plus grand, fond turquoise, fleurs et or.
205 — Un bougeoir plus grand, fond turquoise, fleurs et or.
206 — Une écritoire fond rose, cartel fleurs et or, genre ancien Sèvres.
207 — Une écritoire fond rose, cartel fleurs et or, genre ancien Sèvres.
208 — Une écritoire fond turquoise, cartel fleurs et or, genre ancien Sèvres.
209 — Une écritoire fond turquoise, cartel fleurs et or, genre ancien Sèvres.
210 — Une écritoire fond rose, cartel fleurs et or, genre ancien Sèvres.
211 — Une écritoire fond turquoise, cartel fleurs et or, genre ancien Sèvres.

212 — Une écritoire fond turquoise, cartel fleurs et or, genre ancien Sèvres.
213 — Une écritoire fond turquoise, cartel fleurs, grand modèle.
214 — Une écritoire fond turquoise, cartel fleurs, grand modèle.
215 — Une écritoire fond turquoise, cartel fleurs, grand modèle.
216 — Une écritoire, large couronne de fleurs, grand modèle.
217 — Une écritoire, large couronne de fleurs, grand modèle.
218 — Une paire de porte-bouquets en grès, fond bleu, grand feu et or.
219 — Une paire de buires volubilisses, en grès, fond bleu, grand feu et or.
220 — Une paire de vases, anses vigne, en grès, fond bleu, grand feu et or.
221 — Une paire de vases en grès, anses vigne, fond bleu grand feu et or.
222 — Une cruche à la Vierge, anses vigne, fond bleu grand feu et or.
223 — Une cruche à la Vierge, anses vigne, fond bleu grand feu et or.
224 — Une buire renaissance, anses vigne, fond bleu grand feu et or.
225 — Une écritoire extra quatre usages, fond bleu grand feu et or.
226 — Trois moutardiers extra quatre usages, fond bleu grand feu et or.

227 — Une coupe ovale, vieux Sèvres, sujet enfant, fond turquoise, montée bronze doré.
228 — Une coupe grand modèle, vieux Sèvres, fleurs et oiseaux, montée bronze doré, aussi oiseaux.
229 — Une coupe pâte tendre, sujet oiseaux, montée bronze doré, fond turquoise.
230 — Une coupe pâte tendre, sujet oiseaux, montée bronze doré, fond turquoise.
231 — Une coupe pâte tendre, sujet oiseaux, montée bronze doré, fond turquoise.
232 — Une coupe pâte tendre, sujet oiseaux, montée bronze doré, fond turquoise.
233 — Une coupe pâte tendre, sujet oiseaux, montée bronze doré, fond turquoise.
234 — Une coupe pâte tendre, sujet oiseaux montée bronze doré, fond turquoise.
235 — Douze assiettes pâte tendre, sujets mythologiques, fond turquoise.
236 — Dix assiettes, pâte tendre, sujets pastoraux.
237 — Une coquille en faïence, ornements émail colorié, montée bronze.
238 — Une coquille en faïence, ornements et animaux émail, montée bronze.
239 — Un tableau, figures peintes sur porcelaine, cadre en bois.
240 — Un tableau peint sur porcelaine, cadre en bois.
241 — Un tableau peint sur porcelaine, d'après Boucher, cadre doré.

242 — Un tableau peint sur porcelaine, d'après Boucher, cadre doré.

243 — Un tableau peint sur porcelaine, d'après Watteau, cadre doré.

244 — Un tableau peint sur porcelaine, d'après Watteau, cadre doré.

245 — Une pendule fond bleu grand feu, sujet enfant, montée bronze doré, cylindre et socle.

246 — Une pendule fond turquoise uni, montée bronze doré.

247 — Une pendule fond turquoise uni, montée bronze doré.

248 — Une pendule fond turquoise uni, montée bronze doré.

249 — Une pendule fond bleu turquoise uni, montée bronze doré.

250 — Une pendule, quadrille turquoise et fleurs, montée bronze doré.

251 — Une pendule, quadrille turquoise et fleurs, montée bronze doré.

252 — Six assiettes festons variés de peintures.

253 — Six assiettes festons variés de peintures.

254 — Six assiettes festons variés de peintures.

255 — Une pendule et deux candélabres en porcelaine, fond turquoise avec médaillons, monture en bronze doré, or moulu.

256 — Une pendule et deux candélabres dito.

257 — Une pendule style Louis XV, en bronze doré.
258 — Deux candelabres, dito dito.
259 — Une pendule et deux candelabres style Louis XVI, en bronze doré.
260 — Une paire de flambeaux en bronze doré.

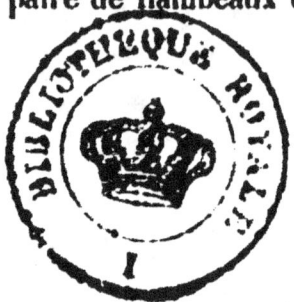

Imp. MAELDE et RENOU, rue Railleul, 9 et 11.

www.ingramcontent.com/pod-product-compliance
Lightning Source LLC
Chambersburg PA
CBHW030109230526
45471CB00003B/1328